—— THE ADVENTURES OF ——

YAYA

SOUP JOUMOU
LAKAY GRANN POLA

ISTWA **ANGIE BELL & TICO ARMAND** DESEN **BOUSIKO**

My name is Yaya.

Mwen rele Yaya.

Today I go to Nana Pola's house! I'm always so excited to see Nana. So I wake up before Mama can scream, "Yaya, get up!!!" Last night, I had a dream. I can't wait to tell her all about it.

Jodi a mwen prale kay Grann Pola ! Mwen toujou kontan anpil lè m pral kay Grann. Mwen leve byen bonè avan Manmi gentan di : "Yaya, leve !!!" Yè swa mwen fè yon rèv. Mwen pa ka tann pou m rakonte l li.

On our way, "machann" Tifane is just setting up to start her day with sunday's usual sweet potatoes and milk for sale. There is already a line even though she isn't yet prepared to receive them. Little Jhonny, Katie and Rachelle are all part of the line. I chuckle when I see them, and yell, "I'm on my way to grandma's house!"

Pandan nou sou wout, mwen wè machann Tifane ki gentan ap pare bak li pou vann. Chak dimanch maten, espesyalman, li prepare patat ak lèt. Li poko menm fin pare, gentan gen yon liy byen long. M fè yon ti ri lè m wè Ti Jhonny, Katie ak tout Rachelle nan liy nan. Kou m wè yo, mwen di byen fò : "M nan wout pou m al wè Grann !"

Nana's backyard is full of leafy greens, fruits and vegetables. Seems like a place from the amazons, where nature seems endless.

When you go, you don't want to leave, especially when nana cooks. The aroma of her food is so inviting, you want to stop playing and wait patiently. And if you help her, you might even get a taste before it's done. I always say, "Delicious nana, it is all so delicious!"

Lakou kay Grann lan chaje ak pyebwa, anpil fèy, fwi ak legim. Li tankou yon gwo forè kote lanati blayi.

Lè ou ale, ou pa anvi tounen ditou, sitou si Grann fè manje. Manje l yo tèlman santi bon, yo fè w anvi sispann jwe pou ou jis chita ap tann pa w. Epi si ou ede l menm, Grann ap ba w goute pandan manje a sou dife. M toujou di : "Li gou Grann, li gou anpil !"

The backyard holds so much history! Stories of our forefathers, her parents, her parents' parents and even stories of the underworld and mermaids. One of my favorite stories from Nana is when she talks about the great King Henri Christophe. Did I mention I was named after one of his daughters, Princess Améthyste? They call me Yaya but my name is Raya Améthyste Dayiti.

Lakou sa tèlman gen anpil istwa ! Istwa sou zansèt nou yo, gran granparan grann, granparan ak paran l. Li menm gen istwa sou lasirèn ak anba dlo. Youn nan istwa m pi renmen, se lè Grann ap pale de wa Henri Christophe. Si nou pa t konnen, m ap tou di nou sa : yo rele m prèske menm jan ak youn nan pitit wa Christophe yo, Prensès Améthyste. Ti non jwèt mwen se Yaya, men tout non m se Raya Améthyste Dayiti.

I snuck through the back because I love the feeling I get from her leafy corridor. The trees are so tall they hug one another shaping the entrance to her backyard, so you don't even see the sky or sun. To my surprise, Nana and the housekeepers are already cooking up a storm. I say, "Hi Mimose! Hi Amos!" And then I run into grandma's arms. She feel so warm and smells so good that I do not want to let her go.

M kouri pase pa pòt dèyè a paske m renmen pase nan ti koridò a ki chaje ak pyebwa. Pyebwa yo wo anpil. Epi tout branch yo makonnen youn ak lòt, ki fè w pa menm ka wè ni syèl la ni solèy la. Kou m rive dèyè a, mwen wè Grann ak sèvant yo gentan ap fè preparasyon manje. Mwen di : "Bonjou, Mimoz ! Bonjou, Amos !" Epi m kouri plonje nan bra Grann. M santi yon bon ti chalè lè kò m kole ak kò l. Li tèlman santi bon, m pa anvi lage l.

After about a minute of hugging Nana, on my tippy toes, I whisper, "Nana, I have something to tell you." She looks at me with her bright loving eyes and said, "What is it my child?" I said, "Nana, I had a dream and I couldn't wait to get here to tell you all about it." "A dream?" she asked, and I said, "Yes, a dream!"

So, I sit next to Nana and start explaining:

Apre yon bon ti tan nan bra Grann, m fè yon ti wose pou m di l nan zòrèy : "M gen yon bagay pou m di w…" Li gade m ak je ki plen ak lanmou l yo, epi li mande m : "Kisa l ye, pitit mwen ?" Mwen di l : "Grann, mwen fè yon rèv e m pa t ka tann pou m te rakonte w li." Li di m : "Yon rèv ?!" M kouri reponn : "Wi, yon rèv !"
Mwen chita bò kote l, epi m kòmanse esplike :

I was in a body of water surrounded by fish of all different sizes and shapes. All kinds of seaweeds, corals and sea animals. I wasn't afraid, yet it was strange because I didn't have legs. I had a tail, like a fish. The color of my tail resembled the rainbow but yet my face was like a human face; well, I looked just like myself, like Yaya. (We both chuckled.) I was breathing just fine under the sea and it's as if I understood their language down there with no hesitation.

M wè m nan yon gwo dlo, ak yon pil pwason tout koulè, tout gwosè. M wè m anba lanmè a ak tout bèt lanmè yo, koray yo, ak zèb lanmè yo. M pa t pè non, men li te dwòl anpil paske m pa t gen pye, m te genyen yon bèl ke tankou pwason yo. Ke a te koulè lakansyèl la, epi figi m te tankou yon moun, tankou mwen menm, tankou Yaya. (Mwen gade Grann, epi nou tou lè de ri.) Mwen t ap naje, respire byen ; se kòmsi mwen te konprann lang pwason yo san pwoblèm.

Nana looked at me, smiled and said, "Ah you dreamed you were a mermaid!!" "Yes, a mermaid," I said. Then I looked at grandma with a perplexed look and said, "Nana, I know you tell us stories all the time about mermaids, but do they really exist?" She looked at me with a smirk and said, "Sit on my lap, my child, I've got a story to tell."

Grann gade m, li souri, epi li di : "Ah, ou reve ou te yon lasirèn." Mwen kouri reponn : "Wi ! Lasirèn !" Epi m gade Grann on ti jan dwòl, m di : "Grann, m konnen ou toujou ap rakonte nou istwa lasirèn, men èske yo egziste vre ?" Li gade m, li souri, li di m : "Vin chita sou kuis mwen, pitit mwen, m pral rakonte w yon ti istwa."

Your great great grandfather around the time my mother was a child went missing for a couple of weeks. Story around town was that while he was bathing in the ocean, a mermaid grabbed him and took him under the sea. There he stayed for weeks with no sign whether he was dead or alive. My grandmother was worried sick and everyone in town was looking for Papa Pele.

Nan epòk lè manman m te tou piti, gran gran granpapa w te disparèt pandan yon pakèt semèn. Tout moun nan katye a di yo te wè l ki t ap benyen nan lanmè a epi yon lasirèn pran l ale avè l anba lanmè. Li rete anba lanmè a pou anpil tan. Pa janm gen moun ki konnen kote l ye, ni si li mouri ni si li vivan. Grann ak tout moun te prèske fou ap chèche Papa Pele.

My mother recalled the day Papa Pele reappeared. My grandmother was under the almond tree on a friday afternoon humming that same old song that I sing when I cook. Right on top of that tree was my grandfather looking down at his wife. The children that were playing outside at that time yelled, "Papa Pele, is that you?" Papa shook and fell off the tree. With no fear, he said, "Quick, get me a cup of water!"

Manman m sonje jou Papa Pele te tounen an. Grann mwen te anba yon pye zanmann nan lakou a, yon jou vandredi. Li t ap chante menm ti ansyen chante ou konn tande m ap chante lè m ap fè manje a. Epi Papa Pele te egzakteman sou pye zanmann nan ap gade madanm li ki chita. Se timoun yo ki t ap jwe nan lakou a ki wè l, epi yo di : "Granpapi, se pa ou menm ?" Li sezi, epi li sot tonbe sou pyebwa a. San l pa briding menm, li di : "Banm yon gode dlo, vit !"

24

Before Nana can finish telling me the story, Mama walks towards us with a big bowl of soup in hand to put at the picnic table outside saying, "Mom, I wish you would stop telling Yaya all these make believe stories." The aroma of the food makes me forget the story and I just can't wait to taste the pumpkin soup that Nana makes every Sunday.

Anvan menm Grann fin rakonte istwa a, Manmi vini ak yon gwo bòl soup nan men l pou li ka mete sou tab la, anba pyebwa a, epi li di : "Manman, sispann rakonte timoun lan istwa tèt anba sa yo." Sant manje a tèlman bon, mwem gentan bliye Grann t ap rakonte m yon istwa. Mwen pa t ka tann pou m te goute bòl soup joumou pa m nan. Grann fè soup chak dimanch !

Sundays are set as a tradition where we picnic outside under the biggest tree in Nana's backyard with her special soup. This soup is called "Independence Pumpkin Soup".

Chak dimanch, se yon tradisyon pou nou chita anba pi gwo pyebwa ki nan lakou a, e se la nou bwè soup spesyal Grann nan. Soup sa a se Soup Joumou ! Soup Endepandans !

and it symbolises strength, unity and our bravery to have been the first black republic in the entire world to fight for freedom. You know, more like the first freedom fighters and from there we were able to help many other countries be free.

This pumpkin soup was first made by hero Jean-Jacques Dessaline's wife, Claire-Heureuse, on January 1st, 1804. It is to celebrate freedom, hope and the good fight that our ancestors fought to set us free.

Li vle di viktwa, fòs ak tèt ansanm. Paske nou te premye repiblik nwa nan tout mond lan ki te rive goumen pou libète nou. Nou te premye sòlda libète yo. Epi nou ale nan anpil lòt peyi pou ede yo vin lib tou.

Moun ki te premye fè soup sa a, se te madanm ewo Jean-Jacques Dessalines, Claire-Heureuse, premye janvye 1804. Soup sa a se te pou selebre libète, lespwa ak batay zansèt nou yo te fè pou nou te ka lib jodi a.

31

One of the many reasons why I love this soup is because Princess Amethis and her father King Henri Christophe delighted themselves in it.

And another reason why I love it is because the number one rule when you have this soup is to share it with your loved ones, neighbors or even a stranger.

Youn nan rezon ki fè m pi renmen soup sa a toujou, se paske Prensès Améthyste ak wa Henri Christophe te renmen bwè soup joumou anpil.

Epi yon lòt rezon ankò ki fè mwen renmen soup joumou, se paske premye règ lè ou fè soup sa lakay ou, se pou ou pataje l ak fanmi w, moun ou renmen, vwazen ou, epi menm ak etranje.

So, as I leave grandma's house, I make sure to get a bowl for little Jhonny, Katie and Rachelle.

They are happy that I did not forget about them for sunday morning's tradition at Grandma's house. Everyone has soup and we play the rest of the day. I can't wait to do it again next sunday!

Anvan mwen kite kay Grann lan, mwen asire m mwen pran yon bòl soup joumou pou Ti Jhonny, Katie ak Rachel.

Yo kontan anpil, paske mwen pa t bliye yo nan ti selebrasyon tradisyon sa a kay Grann. Tout moun bwè soup vant deboutonnen, epi nou jwe tout rès jounen an. M pa ka tann lòt dimanch, pou nou refè l ankò !

THE END

ANGIE BELL

A committed community leader in South Florida, Bell is a marketing specialist, a published author and a public personality. As a young community activist, Ms. Bell has dedicated her time to several organizations, working to promote Haitian culture, language and arts. Angie is the founder of PouBelAyiti, an artistic environmental movement aimed to keep the streets of Haiti clean. It is created to combat deforestation, promote a clean lifestyle, nurture the environment and it is also used as an educational tool to bring more awareness and action towards climate change. She is also the co-owner of Atizan International, a marketing firm that promotes haitian and caribbean culture which range from event and festival production to project management. Currently, Ms. Bell is the co-chair of the Greater Fort-Lauderdale Cap-Haïtien Sister City committee and the Cap-Haïtien ambassador for SheBuilds Global Initiative, leading a committee to plant a million trees in Haiti for 2020... as she continues writing to publish her second book which she undoubtedly believe will help hundreds discover the beautiful, rich heritage of her native Haiti and better appreciate the creole language; a tool to connect Haitians around the world and a tool to use for development within the educational system in Haiti.

TICO ARMAND

Born in one of the poorest yet richest islands in the western hemisphere, Tico likes to remind the world that as a pioneer, Haiti fought for freedom and granted that freedom to blacks around the world. Tico is a international model, public figure and a community activist within the community. Tico is co-founder of ReRoute 2 Purpose, an organization that focuses on the development, stability, healing and accountability of a woman through an empowerment and transformational brunch. Ms. Armand continues to take major strides in helping women find their purpose and heal from emotional, physical and emotional trauma. Haiti has instilled in Tico the fervor and poise that keeps her grounded and lifted simultaneously. Through her vast experience in the world of modeling, entertainment and arts, Tico Armand has become a powerhouse. As she continues her journey in helping young girls and women to flourish seamlessly through personal development and self cognitive, Tico has embraced the love to tell imaginative stories for the young to learn their history, culture and language through "The Adventures of Yaya".

BOUSIKO

His real name is Jerry Boursiquot. He is a self-taught illustrator and graphic designer in Haiti. He wanted to study the visual arts or comics but change to study administration and he started his career as a freelancer illustrator. Bousiko collaborated in the production of several educational manuals, advertising campaigns and also campaigns for the defense of children's rights with different NGOs.

Passionate about current affairs, his caricatures were published on the front page of the daily newspapers "Le Matin" and "Le Nouvelliste". He is member of Cartooning for Peace, an international network of committed press cartoonists who fight, with humor, for the respect of cultures and freedoms. Bousiko is the co-owner of Artwork.ht which is a firm specializing in communication, image and creativity. As a visual communication agency, Artwork.ht offers services of graphic design, illustration, marketing and branding.